دبستان - school 2
رێوێتی - travel 5
گوهازتن - transport 8
باژار - city 10
تەبیەت - landscape 14
خوارنگەه - restaurant 17
بازار - supermarket 20
ڤەخوارنان - drinks 22
خوارن - food 23
جۆتگەه - farm 27
خانی - house 31
ئۆدا روونشتنێ - living room 33
مەتبەخ - kitchen 35
هەمام - bathroom 38
ئۆدەیا زارۆک - kids room 42
کنج - clothing 44
ئۆفیس - office 49
ئابۆری - economy 51
پرۆفەسیۆن - occupations 53
ئامووران - tools 56
ئامووریێن مووزیکێ - musical instruments 57
باخچا هەیوانان - zoo 59
وەرزش - sports 62
چالاکیان - activities 63
مالبات - family 67
بەدەن - body 68
نەخوەشخانە - hospital 72
ئاجیلییەت - emergency 76
ئەرد - earth 77
ساەت - clock 79
هەفتە - week 80
سال - year 81
شێوە - shapes 83
رەنگان - colors 84
بەرامبەران - opposites 85
هەژماران - numbers 88
زمانان - languages 90
کی /چ / چاوا - who / what / how 91
کوو - where 92

Impressum
Verlag: BABADADA GmbH, Nedderfeld 112 , 22529 Hamburg
Geschäftsführer / Verlagsleitung: Harald Hof
Druck: Books on Demand GmbH, In de Tarpen 42, 22848 Norderstedt

Imprint
Publisher: BABADADA GmbH, Nedderfeld 112 , 22529 Hamburg, Germany
Managing Director / Publishing direction: Harald Hof
Print: Books on Demand GmbH, In de Tarpen 42, 22848 Norderstedt

1

دبستان

school

سەف
classroom
divide
186/2
تەختە
board
هەوشا دبستانێ
مامۆستە
teacher
کاخەز
paper
نڤیساندن
write
pen
desk
راستەک
ruler
پرتووک
book
خوەندەکار
pupil

چەوال

satchel

قووتی نڤیستۆک

pencil case

قەلەمرساس

pencil

نڤیستۆک تووژکر

pencil sharpener

ژێبر

rubber

نڤیسکا نیگارێ

drawing pad

نیگار

drawing

فرچەیا رەنگێ

paintbrush

قووتی رەنگ

paint box

مەقەس

scissors

لەزاق

glue

پرتووکا فێربوون

exercise book

وەزیفا مالێ

homework

هەژمار

number

زێدەکرن

add

دەرخستن

subtract

زێدەکرن

multiply

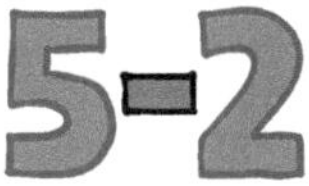

هەسباندن

calculate

A

تیپ

letter

ABCDEFG
HIJKLMN
OPQRSTU
VWXYZ

ئالفابە

alphabet

hello

پەیڤ

word

نڤیسێ

text

خواندن

read

گەچ

chalk

دەرس

lesson

قەیدکرن

register

ئیمتیهان

examination

شەهادە

certificate

کنجا دبستانێ

school uniform

پەروەردەهی

education

زانستنامە

encyclopedia

زانینگە

university

میکرۆسکووپ

microscope

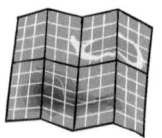

خەریتە

map

سەبەتا کاخەزێ

waste-paper basket

رێوێتی
travel

مێڤانخانه
hotel
مێڤانخانه
hostel
ئۆفیسا پەره ڤەگوهارتنێ
currency exchange office
suitcase
ماشین
car

زمان

language

بەلێ / نا

yes / no

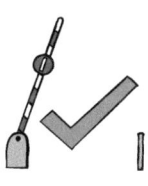

باش

Okay

سلاڤ

hello

وەرگێرا نڤیسکی

translator

سپاس

Thank you

بهایێ ... چ قاسە؟

....

how much is...?

ئەز فام ناکم

....

I don´t get it

ئاریشە

....

problem

ئێڤارباش!

....

Good evening!

سپێدی باش!

....

Good morning!

شەڤ باش!

....

Good night!

خاترێ تە

....

goodbye

ئالی

....

direction

هوورموور

....

luggage

چەنتە

....

bag

چەنتە پشت

....

backpack

مێڤان

....

guest

ئۆدە

....

room

جامە خەو

....

sleeping bag

چادر

....

tent

ئاگاگیێن گەرۆکان
....
tourist information

رەخێ ئاڤێ
....
beach

کارتێ قەرزێ
....
credit card

تاشتێ
....
breakfast

فراڤین
....
lunch

شیڤ
....
dinner

کارت
....
Ticket

ئاسانسۆر
....
elevator

پوول
....
stamp

تخووب
....
border

گومرک
....
customs

بالیۆزخانە
....
embassy

ڤیزا
....
visa

پاساپۆرت
....
passport

گوهازتن

transport

airplane
گەمی
ship
fire truck
ئۆتۆبووس
bus
کامیۆن
truck
پاپۆڕا ماتۆری
motorboat
دوچەرخە
bike
ماشین
car

پاپۆر

ferry

پاپۆر

boat

مۆتۆرسیکلێت

motorbike

ترمبێلا پۆلیسێ

police car

ترمبێلا پێشبازیێ

racing car

ئەرەبە کرێکرنێ

rental car

ماشین پەرڤەکرن
....
car sharing

کامیۆنا کشاندنێ
....
tow truck

کامیۆنا خوەلی
....
garbage truck

مۆتۆرسیکلێت
....
engine

مازۆت
....
fuel

ئیستەگەها بەنزینێ
....
fuel station

تابلۆیا ترافیکێ
....
traffic sign

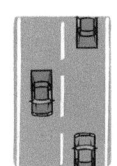

هاتنووچوون
....
traffic

ترافیک
....
traffic jam

جهێ پارکێ
....
parking lot

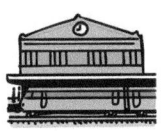

راوەستەکا ترێنێ
....
train station

رێچ
....
tracks

ترێن
....
train

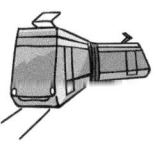

ترێنێ کۆلانێ
....
tram

ئەرەبە
....
wagon

بابرۆک

helicopter

بالافرگەه

airport

برج

tower

مسافر

passenger

قووتی

container

قووتی

carton

گرگرۆک

cart

سەلک

basket

رابوون / نیشتن

take off / land

باژار

city

گوند

village

ناڤەندا باژاری

city center

خانی

house

سینەما
movie theater
ڕێکلام
advert
CINEMA
چرایی ڕێێی
street light
street
تاکسی
taxi
دکان
snack shop
پەیا
pedestrian
پەیاری
sidewalk
ڕێیا دەربازبوونێ
zebra crossing
قووتی
dumpster
ڕێیا دەربازبوونێ
crossing
چرایێن ترافیکێ
traffic lights

کۆخ

hut

خانی

apartment

راوەستەکا ترێنێ

train station

تەلارا شارەڤانی

city hall

مووزەخانە

museum

دبستان

school

زانینگە
....
university

بانک
....
bank

نەخۆشخانە
....
hospital

مێڤانخانە
....
hotel

دەرمانخانە
....
pharmacy

ئۆفیس
....
office

کتێبفرۆشی
....
book shop

دکان
....
shop

گولفرۆش
....
flower shop

بازار
....
supermarket

بازار
....
market

سوپەرمارکەت
....
department store

ماسیفرۆش
....
fishmonger's shop

ناڤەندا کڕین
....
mall

بەندەر
....
harbor

پارک

park

سەکوو

bench

پر

bridge

دەرنجە

stairs

ژێر ئەردی

subway

تونئەل

tunnel

ئیستگەها ئۆتۆبووس

bus stop

بار

bar

خوارنگەه

restaurant

سندووقا پۆستێ

postbox

نیشاندەرکا رێیێ

street sign

مەترا پارکینگێ

parking meter

باخچا هەیوانان

zoo

هەوزا مەلەڤانی

swimming pool

مزگەفت

mosque

جۆتگەه

farm

لەوتاندنا دەردۆر

pollution

گۆرستان

cemetery

کەنیسە

church

ئەردێ لەیستنێ

playground

پەرەستگەه

temple

تەبیەت

landscape

leaf
نیشاندەرکا رێ
signpost
path
مێرگ
meadow
stone
hiker
دار
tree
چەم
river
گیا
grass
کولیلک
flower

دۆل

....

valley

گر

....

hill

گۆل

....

lake

دارستان

....

forest

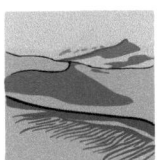

بەیابان

....

desert

ڤۆلکان

....

volcano

کەلە

....

castle

کەسکەسۆر

....

rainbow

کڤارک

....

mushroom

دارقەسپ

....

palm tree

مخمخک

....

mosquito

مێش

....

fly

مێری

....

ant

هنگ

....

bee

پیرێ

....

spider

کێزک
....
beetle

بەق
....
frog

سهۆر
....
squirrel

ژیژۆک
....
hedgehog

کەرگوە
....
hare

پەپووک
....
owl

چڤیک
....
bird

قوو
....
swan

بەرازێ کۆڤی
....
boar

پەزکۆڤی
....
deer

پەزکۆڤی
....
moose

بەنداڤ
....
dam

توورбینا با
....
wind turbine

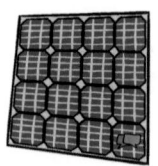

پانەلا خۆرێ
....
solar panel

ئاڤ و هەوا
....
climate

خوارنگەه

restaurant

بەرکار
waiter
menu
کورسی
chair
شۆربە
soup
پیزا
pizza
چەتەل و چەمچک
cutlery
سفرە
tablecloth

خوارنا دەستپێک

....

starter

خوارنا سەرەکی

....

main course

شێرانی

....

dessert

ڤەخوارنان

....

drinks

خوارن

....

food

جام

....

bottle

خوارنا لەز

fast food

خوارنا رێیێ

street food

چایدانک

teapot

قووتی شەکرێ

sugar bowl

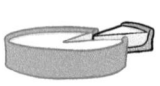

بەش

portion

مەکینا چێکرنێ ئەسپرەسسۆ

espresso machine

کورسیا بلیند

high chair

هەساب

bill

سێنی

tray

کێر

knife

چەتەل

fork

کەڤچی

spoon

کەڤچیا چای

teaspoon

پێشگر

serviette

قەدەه

glass

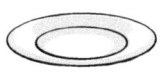

تەیفک
....
plate

تەیفکا شۆربە
....
soup plate

پیالە
....
saucer

چێنج
....
sauce

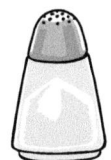

خوێدانک
....
salt shaker

قووتی بیبار
....
pepper mill

سێک
....
vinegar

روون
....
oil

بهارات
....
spices

کەتچاپ
....
ketchup

موستارد
....
mustard

مایۆنێز
....
mayonnaise

بازار

supermarket

special offer
FOR
customer
dairy products
fruit
shopping cart

قەسابی

butcher's shop

دکانا نانپێژ

bakery

وەزن کرن

weigh

سەبزە

vegetables

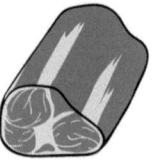

گۆشت

meat

خوارنێ جەمەدی

frozen food

گۆشتێ سار

cold cuts

خوارنا پیلێ

canned food

خوبارێ پاقژکرنێ

detergent

شرینی

candy

بەرهەمێن ناڤخوەیی

household products

بەرهەمێن پاقژکرنێ

cleaning products

فرۆشیار

sales representative

خەزنۆک

cash register

دراڤگر

cashier

لیستا کرینێ

shopping list

دەمێن ڤەکری

opening hours

جزدان

wallet

کارتێ قەرزێ

credit card

چەوال

bag

چەنتە

plastic bag

ڤەخوارنان

drinks

ئاڤ

water

شەربەت

juice

شیر

milk

کۆمر

coke

شەراب

wine

بیرا

beer

ئالکۆل

alcohol

کاکوۆ

cocoa

چای

tea

قەهوە

coffee

ئەسپرەسسۆ

espresso

کاپۆچینۆ

cappuccino

خوارن

food

مۆز

....

banana

سێڤ

....

apple

پرتەقالی

....

orange

گوندۆر

....

melon

لیمۆن

....

lemon

گێزەر

....

carrot

سیر

....

garlic

قامر

....

bamboo

پیڤاز

....

onion

قارچک

....

mushroom

گەویز

....

nuts

شەهیرە

....

noodles

سپاگێتتی

spaghetti

برنج

rice

سەلەتە

salad

چیپس

fries

پەتەتەیا براشتی

fried potatoes

پیزا

pizza

هامبورگەر

hamburger

نانۆک

sandwich

گۆشتێ ستوویێ بەرخی

escalope

گۆشتێ هشککری

ham

سالامێ

salami

سۆسیس

sausage

مریشک

chicken

بژارتن

roast

ماسی

fish

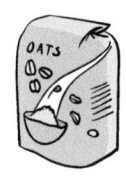

شۆربە بلوول

porridge oats

مووسلی

muesli

کەرتێن گلگلان

cornflakes

ئارد

flour

جرۆسسانت

croissant

سەموون

bread roll

نان

bread

تۆست

toast

نانک

cookies

نڤیشک

butter

ماست

curd

کولیچە

cake

هێک

egg

هێکا قەلاندی

fried egg

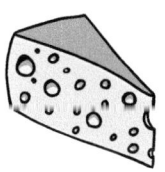

پەنیر

cheese

دۆندرمە

....

ice cream

شەکر

....

sugar

هنگڤ

....

honey

مرەبا

....

jelly

خامەیا نۆوگات

....

nougat cream

کوری

....

curry

خانیا چەولگا
farm house
کادین
barn
تەپکا پووشێ
straw bale
field
horse
کاروان
trailer
تراکتۆر
tractor
جانی
foal
کەر
donkey
بەران
sheep
بەرخ
lamb

بزن

goat

چێلەک

cow

گۆلک

calf

بەراز

pig

خنزیرک

piglet

بۆخە

bull

قاز
....
goose

مراڤی
....
duck

جووچک
....
chick

مریشک
....
hen

کەلەشێر
....
cockerel

جرج
....
rat

کتک
....
cat

مشک
....
mouse

گا
....
ox

کووچک
....
dog

خانیا کووچکێ
....
dog house

خانی باخێ
....
garden hose

قووتیکا ئاڤدانێ
....
watering can

شالووک
....
scythe

گاسن
....
plow

داس

sickle

مەربێر

hoe

دارساپک

pitchfork

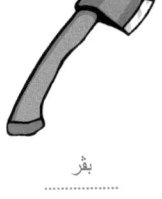

بڤر

axe

دەستگەرە

pushcart

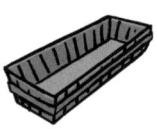

قووتی خوارنا جانداران

trough

قووتی شیر

milk can

توور

sack

چەپەر

fence

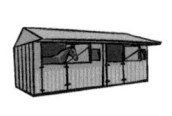

ئاخور

stable

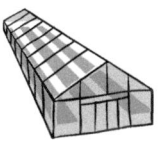

خانا کولیلکان

greenhouse

ئاخ

soil

دەندک

seed

پەین

fertilizer

کۆمباین

combine harvester

زاد

harvest

زاد

harvest

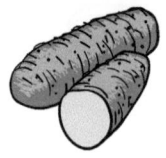

پەتەتە

yams

گەنم

wheat

فاسۆلی

soya

پەتەتە

potato

دەخل

corn

دندک

rapeseed

داری فێکی

fruit tree

سێڤێ بن ئەردی

manioc

زاد

grain

خانى

house

کولمک
chimney
بانى
roof
بۆریا ناڤێ
downspout
پاجه
window
زەنگلێ دەرى
doorbell
گاراژ
garage
دەرى
door
فراخێ زبلێ
trash can
قوتیپا پۆستێ
mailbox
باخچه
garden

ئۆدا روونشتنێ

living room

هەمام

bathroom

مەتبەخ

kitchen

ئۆدا خەوێ

bedroom

ئۆدەیا زارۆک

kids room

ئۆدا شیڤێ

dining room

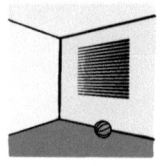

بنی

floor

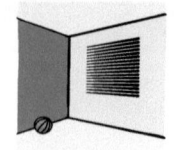

دیوار

wall

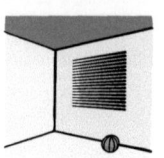

بەربان

ceiling

خەنزک

cellar

ساونا

sauna

بالکۆن

balcony

بەردانک

terrace

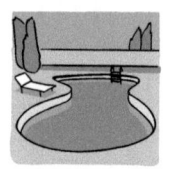

هەوزا مەلەڤانی

pool

چیمەن بڕ

lawn mower

مەلهەفە

sheet

بەتانی

bedspread

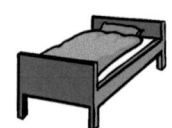

نڤین

bed

گەزک

broom

ساتل

bucket

کلیل

switch

ئۆدا روونشتنێ

living room

کاخەزێ دیوار
wallpaper
وێنە
picture
لامپا
lamp
رەف
shelf
دۆلاب
cabinet
تەلەفیسیۆن
television
ئاگردان
fireplace
کولیلک
flower
سەرین
cushion
قەنەپە
sofa
گولدانک
vase
کۆنترۆلا دوور
remote control

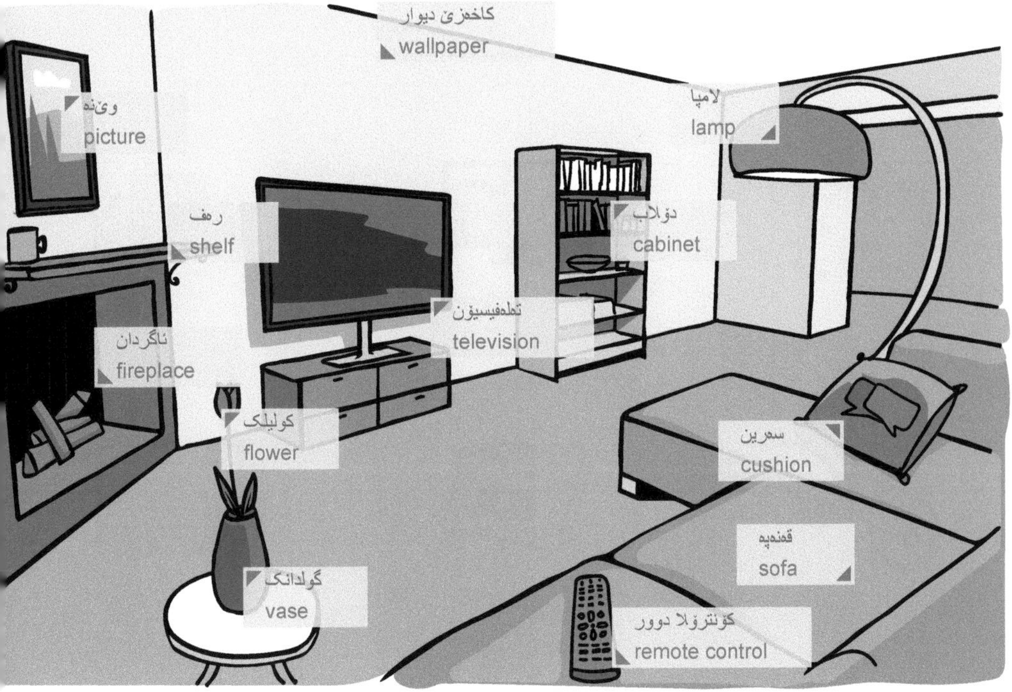

خالیچە

carpet

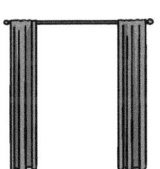

پەردە

drape

مێز

table

کورسی

chair

کورسیا هەژانۆک

rocking chair

کورسی

armchair

پرتووک

book

بەتانی

blanket

خەملاندن

decoration

ئێزنگ

firewood

فیلم

film

هـف

stereo system

کلیل

key

رۆژنامە

newspaper

نیگار

painting

پۆستەر

poster

رادیۆ

radio

دەفتەر

notebook

سڤنکا ئەلەکتریکی

vacuum cleaner

کاکتووس

cactus

مۆم

candle

مەتبەخ
kitchen

سارنج
fridge
مایکرۆڤەیف
microwave oven
تەرازیا مەتبەخێ
ئاموورا نان گەرمکرنێ
toaster
پاگژکەر
laundry detergent
سۆبە
stove
سارکەر
freezer
فراخێ زبلێ
trash can
فراقشۆک
dishwasher

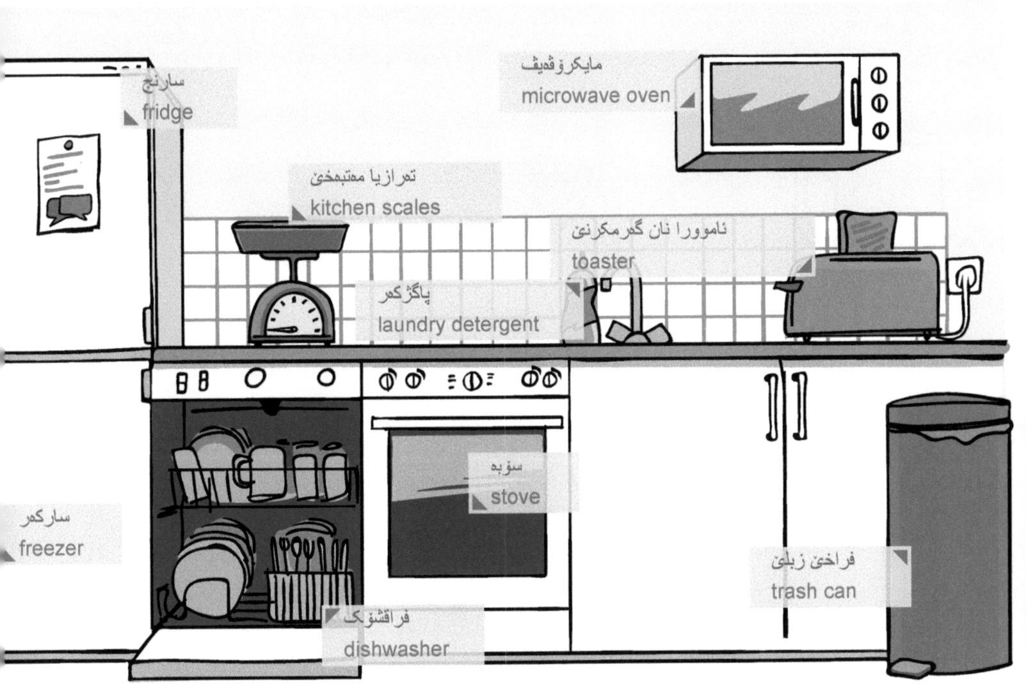

سۆبە
....
cooker

ئامان
....
pot

ئامای ئووتوو
....
cast-iron pot

فراقێ مەزن
....
wok / kadai

دیزک
....
pan

کەلینک
....
kettle

فراقێ هلمێ

steamer

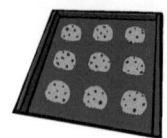

سێنی نانێ

baking tray

فراق

crockery

پیاله

mug

کاسک

bowl

دارێ نانخوارن

chopsticks

هەسک

ladle

کەڤچیا مەزن

spatula

رینەک

whisk

کەفگیر

strainer

بێژنگ

sieve

رێشکەر

grater

دەستار

mortar

براشتن

barbecue

ناگرێ ڤالا

fireplace

تەختەیا بڕینێ

....

chopping board

دارکێ تیرێ

....

rolling pin

دەڤک بادەک

....

corkscrew

قووتی

....

can

قووتیڤەکر

....

can opener

جاوێ ئامانان

....

oven cloth

دەستشۆ

....

sink

فرچە

....

brush

پارازۆا

....

sponge

تەڤدێڕ

....

blender

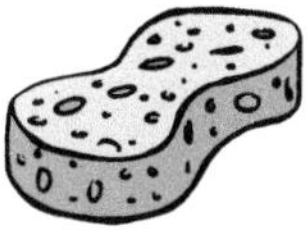

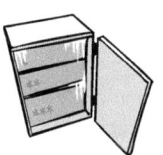

سارکەرێ جەمەدی

....

deep freezer

شووشە بەبکان

....

baby bottle

هەنەفی

....

tap

هەمام

bathroom

گەرمژانک
heating
خاولی
towel
دووش
shower
پەردەیا هەمامێ
shower curtain
کەفێ هەمام
bubble bath
هەوزا هەمام
bathtub
قەدەه
glass
جلشۆک
washing machine
ئاجوور
tiles
tap
توالەتا زارۆکان
potty
دەستشۆ
sink

توالەت

toilet

توالەتا ئەردێ

squat toilet

توالەت

bidet

ئاڤدەستخانا مێران

urinal

کاخەزا توالەت

toilet paper

فرشەیا توالەت

toilet brush

38 هەمام - bathroom

فرچەیا دران

toothbrush

مەجوونا دران

toothpaste

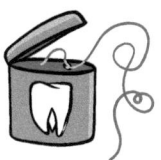

نەخا ددان

dental floss

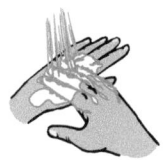

شووشتن

wash

دووشێ دەستێ

hand shower

دووش

douche

دەستشۆ

basin

فرچا پشت

back brush

سابوون

soap

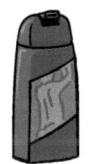

جێلێ هەمام

shower gel

شامپۆ

shampoo

فانیلە

flannel

زێراب

drain

کرێم

creme

بێهن خوشکر

deodorant

مرێک
....
mirror

مرێکا دەستێ
....
hand mirror

گووزان
....
razor

کەفێ تەراشینێ
....
shaving foam

مەجوونا پشتی تەراشینێ
....
aftershave

شەه
....
comb

فرچە
....
brush

پۆر هیشککر
....
hair-dryer

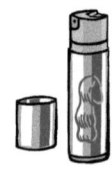

سپرایا پۆرێ
....
hairspray

کۆزمەتیک
....
makeup

سۆراڤک
....
lipstick

رەنگێ نینۆک
....
nail varnish

پەمبوو
....
cotton wool

مەقەستا نینۆک
....
nail scissors

پارفووم
....
perfume

چەوالێ هەمامێ

....

washbag

کورسیا بێپشت

....

stool

تەرازی

....

weighing scales

کنجا هەمامێ

....

bathrobe

لەپکا لاستیکێ

....

rubber gloves

تامپۆن

....

tampon

خاولیا پاقژکرنێ

....

sanitary towel

توالەتا کیمییەوی

....

chemical toilet

ئۆدەیا زارۆک

kids room

دەمژمێرک
alarm clock
لیستۆک
cuddly toy
ماشینا لیستۆک
toy car
خشخشۆک
rattle
مالا لیستۆک
doll's house
خەلات
present

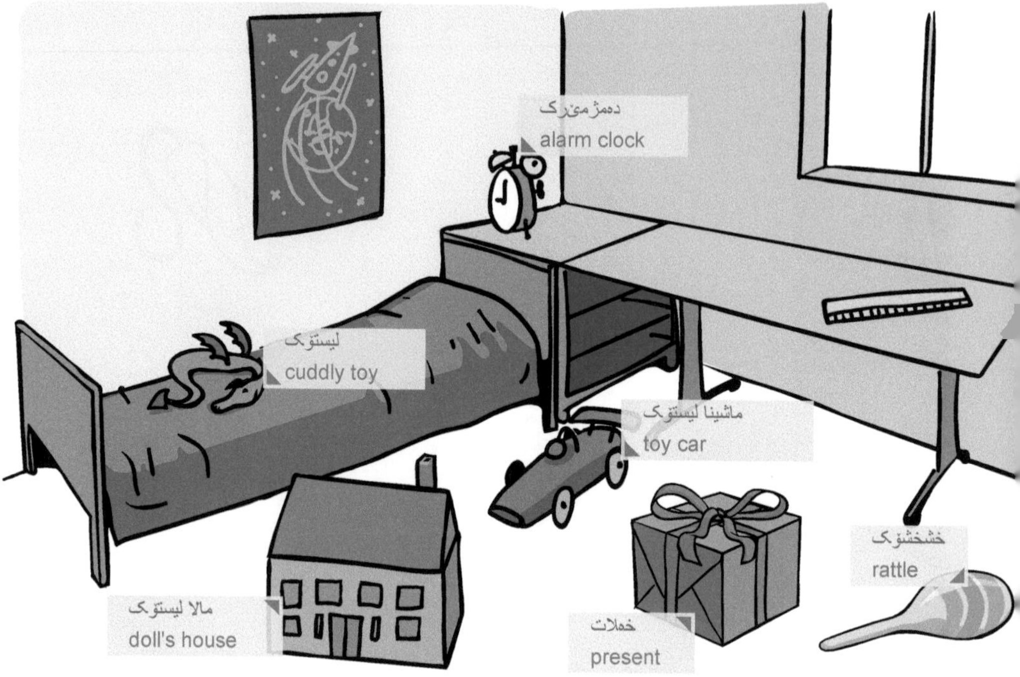

پفدانک

balloon

نڤین

bed

کۆچک

stroller

لیستکا کارتێ

deck of cards

فریزبی

jigsaw

کۆمیک

comic

ئاجوورا لێگۆ

lego bricks

ئاجوورا لیستۆک

toy blocks

بووکە شووشە

action figure

کنجا بەبکان

romper suit

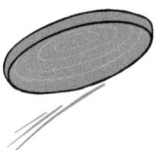

فرزبێ

frisbee

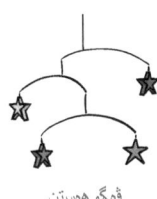

ڤەگوهەستن

mobile

لیستکێن تەختە

board game

مۆر

dice

مۆدێلا ترێنێ

model train set

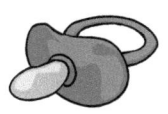

مەمک

pacifier

جەژن

party

کتێبا وێنە

picture book

تۆپ

ball

بووکە شووشە

doll

لەییستن

play

کونا خیزێ

sandpit

جۆلانە

swing

لیستۆکان

toys

لیستکا ڤیدەویی

video game console

سێچەرخە

tricycle

هرچا لیستۆک

teddy bear

جلدانک

wardrobe

کنج

clothing

گۆرە

socks

گۆرە

stockings

دەرپێگۆری

tights

شال
scarf
چەتر
umbrella
قایش
belt
کراس
t-shirt
سۆلکێ ناڤ مالێ
slippers
شمکال
boots
سۆلک
sneakers

سۆلک
sandals

سۆل
shoes

پۆتینا چەرمێ
rubber boots

پاسولێ ژێر
underwear

پی‌سیر بەند
bra

پ کبند
undershirt

جەندەک

....

body

پانتۆل

....

pants

ژەانس

....

jeans

دامان

....

skirt

کراس

....

blouse

کراس

....

shirt

فانێلە

....

pullover

فانێلە

....

sweater

جاکێت

....

blazer

ساکۆ

....

jacket

چاکەت

....

coat

بارانی

....

raincoat

لەباس

....

costume

فیستان

....

dress

جلێ داوەتێ

....

wedding dress

چاکێت

....

suit

پێجامە

....

nightgown

پێجامە

....

pajamas

سارێ

....

sari

لەچک

....

headscarf

مێزەر

....

turban

هێرام

....

burka

کافتان

....

kaftan

ئەبا

....

abaya

کنجا ئاژنێکرن

....

swimsuit

جلکا مەلەڤانی

....

trunks

شۆرت

....

shorts

جلا هێڤۆژکاری

....

tracksuit

پێشمال

....

apron

لەپک

....

gloves

دووگمە

button

بەرچاڤک

glasses

بازن

bracelet

گەردەنی

necklace

گوستیل

ring

گوهارک

earring

دەڤک

cap

هلاڤستەمک

coat hanger

کووم

hat

کراوات

tie

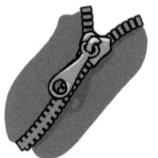

زیپ

zip

سەرپاریَز

helmet

دەرزی

braces

کنجا دبستانێ

school uniform

یوونیفۆرم

uniform

بەردلک
....
bib

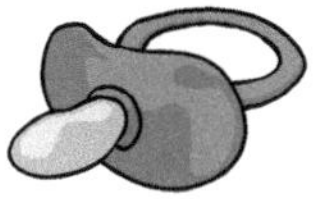

مەمک
....
pacifier

پونداخ
....
diaper

ئۆفیس

office

پێشکەشکەر
server
دۆلابی بەلگە
filing cabinet
paper
چاپەر
printer
نیشاندەر
monitor
ماسە
desk
مشک
mouse
دەفتەر
folder
keyboard
waste-paper basket
کۆمپیوتەر
computer
کورسی
chair

کاسکا قەهوە
....
coffee mug

هەسابکەر
....
calculator

ئینتەرنەت
....
internet

كۆمپيوتەرا لاپتۆپ

....

laptop

نامە

....

letter

پەيام

....

message

تەلەفۆنا مۆبيل

....

cell phone

تۆر

....

network

مەكينا فۆتۆكۆپى

....

photocopier

سۆفتوارە

....

software

تەلەفۆن

....

telephone

سۆجكەتا فيشەک

....

plug socket

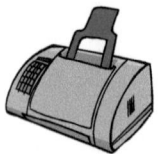

مەكينا فاخێ

....

fax machine

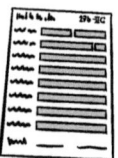

فۆرم

....

form

بەلگە

....

document

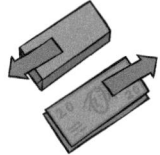

کرین

buy

پەرە دان

pay

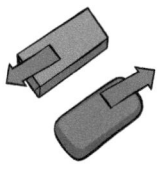

بازرگانی

trade

پەرە

money

دۆلار

dollar

یۆرۆ

euro

یەنێ ژاپۆنێ

yen

رۆبلێ رووسی

rouble

فرانکێ سویسێ

Swiss franc

یوانێ چینێ

renminbi yuan

رووپیێ هندی

rupee

مەکینا ژخوەبەرا دراڤ

cash point

ئۆفیسا پەرە ڤەگوهارتنێ
....
currency exchange office

زێڕ
....
gold

زیڤ
....
silver

نەفت
....
oil

وزە
....
energy

بها
....
price

پەیمان
....
contract

تاخ
....
tax

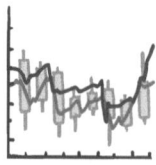

سەهام
....
stock

کارکرن
....
work

کارکەر
....
employee

کاردا
....
employer

فابریکا
....
factory

دکان
....
shop

پرۆفەسیۆن

occupations

ئاگرکوژ
fireman
پۆلیس
police officer
cook
بژیشک
doctor
فرۆکەڤان
pilot

باخچەڤان

gardener

نەجار

carpenter

دروونڤان

seamstress

هاکم

judge

شیمیازان

chemist

شانۆگەر

actor

شوفێری باسێ

bus driver

شوفێرەکی تاکسیێ

taxi driver

ماسیڤان

fisherman

پاگژکەر

cleaning lady

چێکرێ بانی

roofer

بەرکار

waiter

نێچرڤان

hunter

رەنگرێس

painter

نانپێژ

baker

کارەباڤان

electrician

ئاڤاکەر

builder

ئەندەزیار

engineer

قەساب

butcher

لوولەکار

plumber

پۆستەڤان

postman

ئەسکەر

soldier

میمار

architect

دراڤگر

cashier

فرۆتکارا چیچەکان

florist

پۆرچێکەر

hairdresser

ئاژۆڤان

conductor

مەکانیک

mechanic

کەشتیڤان

captain

پزیشکا ددانان

dentist

زانستیار

scientist

رووهان

rabbi

ئیمام

imam

کەشە

monk

کەشیش

pastor

ئامووران

tools

مووچینگ
pliers
hammer
screwdriver
wrench
دارا چرا
torch

شۆفەل

excavator

قووتیا ئامووران

toolbox

پەیژە

ladder

مشار

saw

میخ

nails

قولکرن

drill

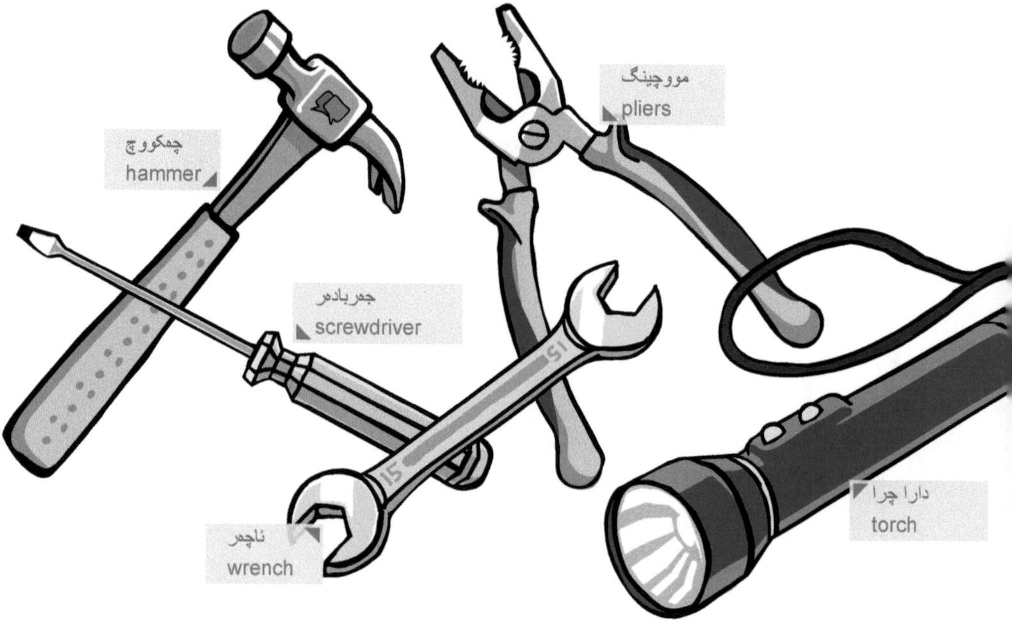

چێکرن

repair

مەربێر

shovel

نالەت!

Damn!

بێل

dustpan

قووتیا رەنگێ

paint can

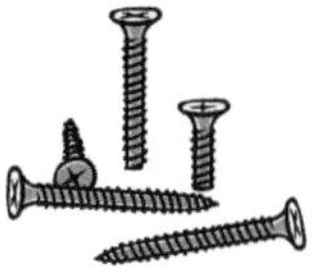

جەڕ

screws

ئاموورێن مووزیکێ

musical instruments

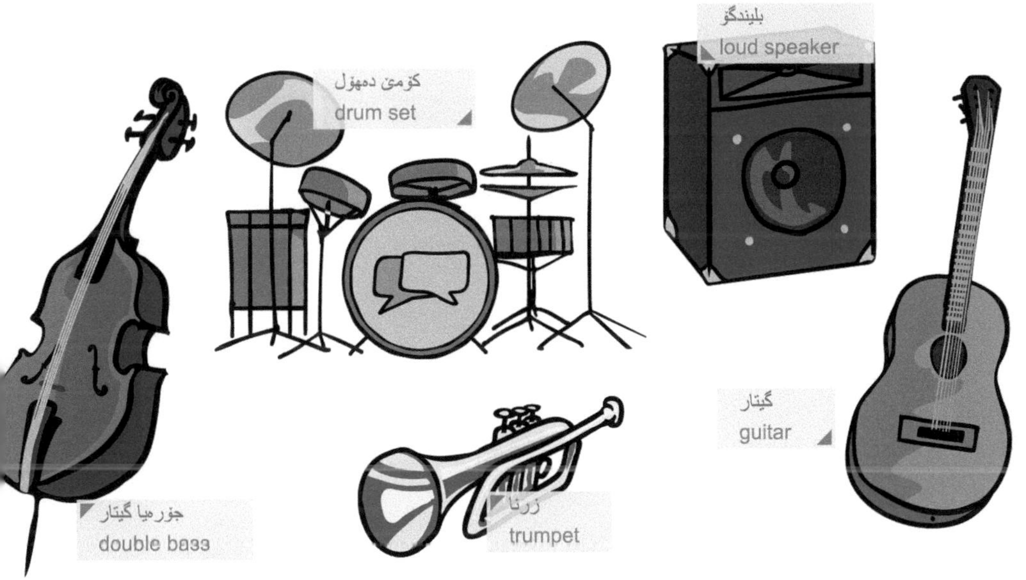

بلیندگو
loud speaker
کۆمێ دەهۆل
drum set
گیتار
guitar
جۆرەیا گیتار
double bass
trumpet

پیانۆ

....

piano

ڤیۆلین

....

violin

باس

....

bass

دەهۆل

....

timpani

داهۆل

....

drums

کەیبۆارد

....

keyboard

ساکسۆفۆن

....

saxophone

بلوور

....

flute

میکرۆفۆن

....

microphone

باخچا هەیوانان

zoo

entrance
tiger
قەفەس
cage
zebra
خوارنا هەیوان
animal feed
پاندا
panda

هەیوان

animals

فیل

elephant

کانگاروو

kangaroo

کەرکەدەن

rhino

گۆریل

gorilla

هرچ

bear

هێشتر

camel

هێشترمە

ostrich

شێر

lion

مەیموون

monkey

فلامینگۆ

flamingo

پاپاخان

parrot

هرچا جەمسەری

polar bear

پەنگوین

penguin

سەماسی

shark

تاووس

peacock

مار

snake

تمساه

crocodile

پارێزەرا باخچا ئاژالان

zookeeper

سەیا دەریا

seal

پلنگ

jaguar

هەسپ

pony

پلنگ

leopard

هەسپیَ رووبار

hippo

جانەیَشتر

giraffe

هەلۆ

eagle

بەرازیَ کۆڤی

boar

ماسی

fish

کووسی

turtle

والراس

walrus

رۆڤی

fox

خەزال

gazelle

وەرزش

sports

فووتبۆلێ ئامەریکا
American football
بسکلێتان
cycling
تەنیس
tennis
باسکێتبۆل
basketball
ئاڤژەنیکرن
swimming
بۆخنگ
boxing
هۆکەیا سەر جەمەدێ
ice hockey

فووتبۆل
soccer

بادمنتۆن
badminton

یێ ئاتلەتیزمێ
athletics

هەندبۆل
handball

بەفراژۆتن
skiing

پۆلۆ
polo

چالاکیان

activities

هلپەکە
jump
هەمبێز
hug
کەنین
laugh
برێڤەچوون
walk
لاوژە گوتن
sing
خەون دیتن
dream
نمێژ کرن
pray
ماچکرن
kiss

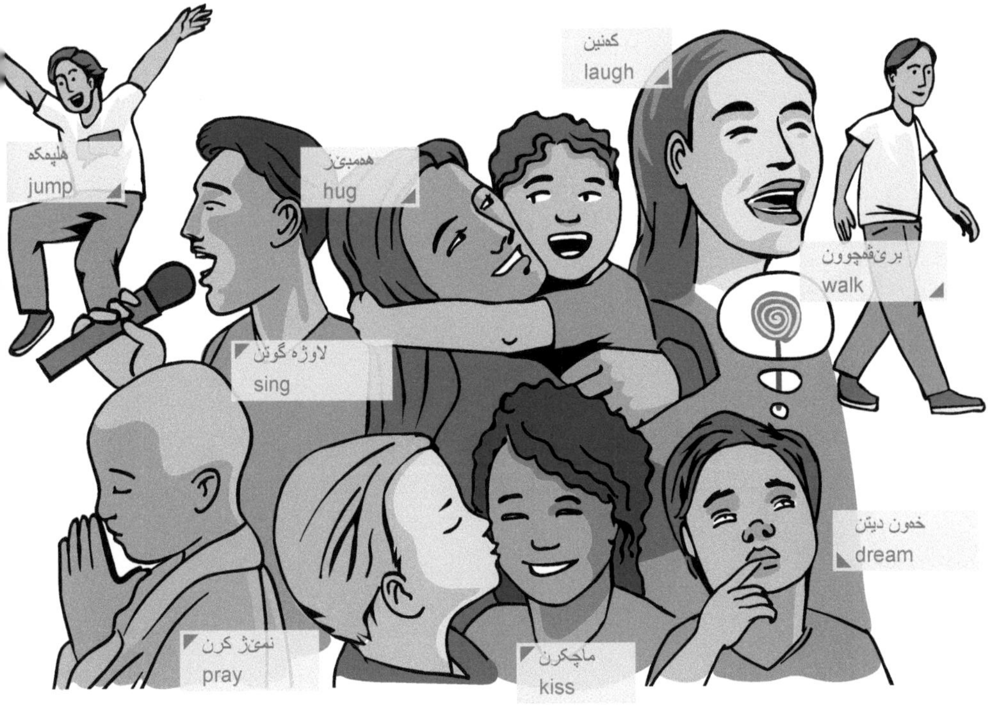

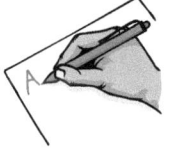

نڤیساندن

write

نیگار کێشان

draw

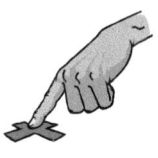

نیشان دان

show

پالدان

push

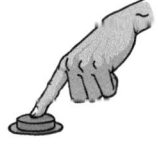

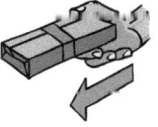

دایین

give

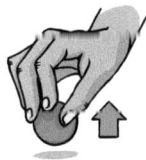

راکرن

take

هەبین

have

کرن

do

بوون

be

سەکنین

stand

بازدان

run

کشاندن

pull

ئاڤێتن

throw

کەتن

fall

دەرەو کرن

lie

سەکنین

wait

گوهێزتن

carry

روونشتن

sit

جل بەرکرن

get dressed

رازان

sleep

رابوون

wake up

مێزە کرن

look at

گرین

cry

جەلتە

stroke

شە کرن

comb

پەیڤین

talk

فامکرن

understand

پرسکرن

ask

بهیستن

listen

ڤەخوارن

drink

خوارن

eat

کۆم کرن

tidy up

هەزکرن

love

خوارن چێکرن

cook

ئاژۆتن

drive

فڕین

fly

کەشتیڤانی
sail

هەسباندن
calculate

خواندن
read

هینبوون
learn

کارکرن
work

زەوجین
marry

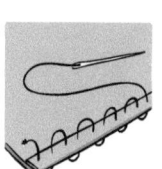

درووتن
sew

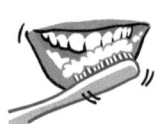

ددان شووتن
brush teeth

کوشتن
kill

دووخان
smoke

شاندن
send

grandmother
باپیر
grandfather
father
mother
baby
کەچ
daughter
کور
son

مێڤان

guest

مەت

aunt

ئاپ/خال

uncle

برا

brother

خوشک

sister

بەدەن

body

ئەنی
forehead
eye
face
زەنی
chin
سینگ
breast
مل
shoulder
تلی
finger
دەست
hand
لنگ
leg
پیل
arm

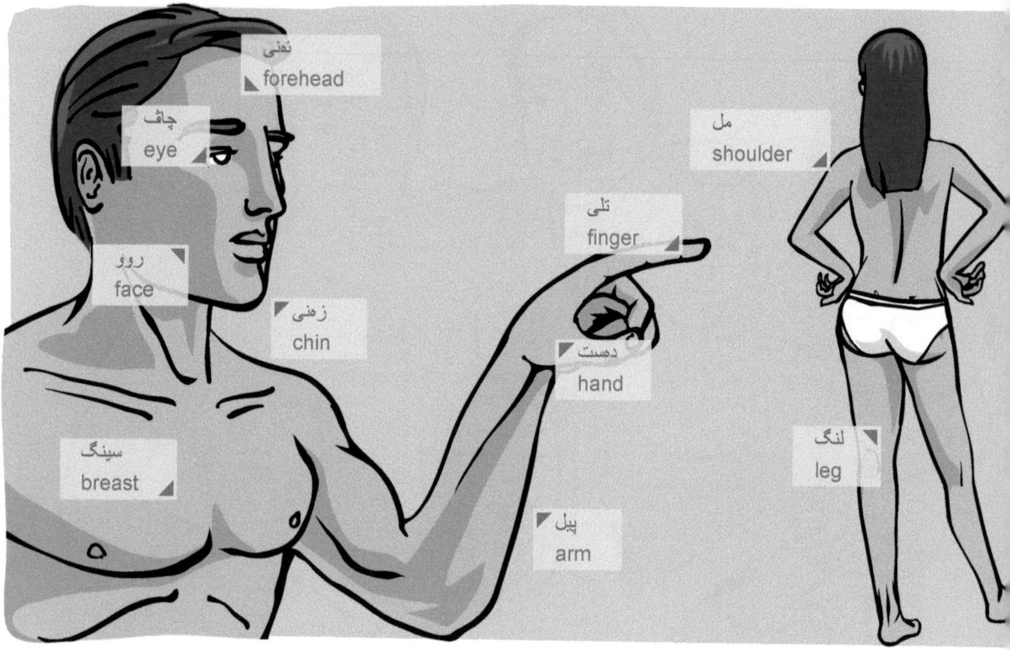

بەبەک

baby

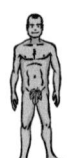

مێر

man

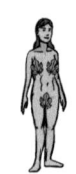

ژن

woman

کەچ

girl

کوڕ

boy

سەر

head

پشت

....

back

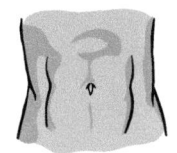

زک

....

belly

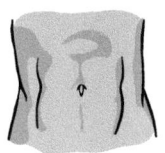

ناڤک

....

navel

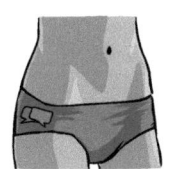

تلبیا پێ

....

toe

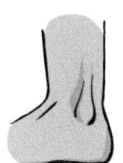

پانی

....

heel

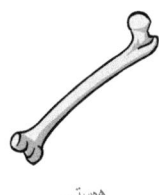

هەستی

....

bone

کوولیمەک

....

hip

ژوونی

....

knee

ئەنیشک

....

elbow

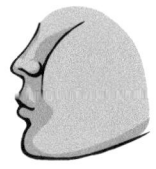

دفن

....

nose

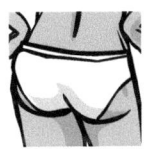

قوون

....

buttocks

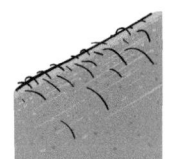

چەرم

....

skin

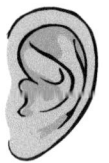

روو

....

cheek

گووه

....

ear

لێڤ

....

lip

دەف

mouth

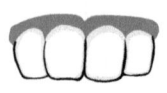

دران

tooth

زمان

tongue

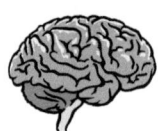

مێژی

brain

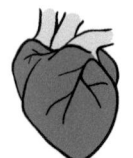

دل

heart

ماسوول

muscle

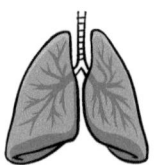

جیگەرا سپی

lung

جەگەر

liver

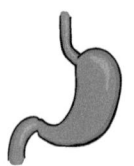

مادە

stomach

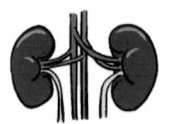

گوورچکان

kidneys

جۆتبوون

sex

کۆندۆم

condom

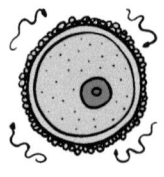

هێک

ovum

تۆڤ

semen

دووجانی

pregnancy

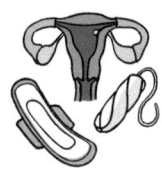

ئاده

....

menstruation

قووز

....

vagina

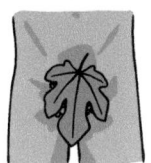

کیر

....

penis

برۆ

....

eyebrow

پرچ

....

hair

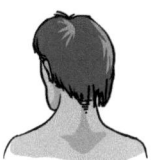

هووستوو

....

neck

نەخۆشخانە

hospital

نەخۆشخانە
hospital
ئەرەبا نەخۆشان
ambulance
wheelchair
fracture

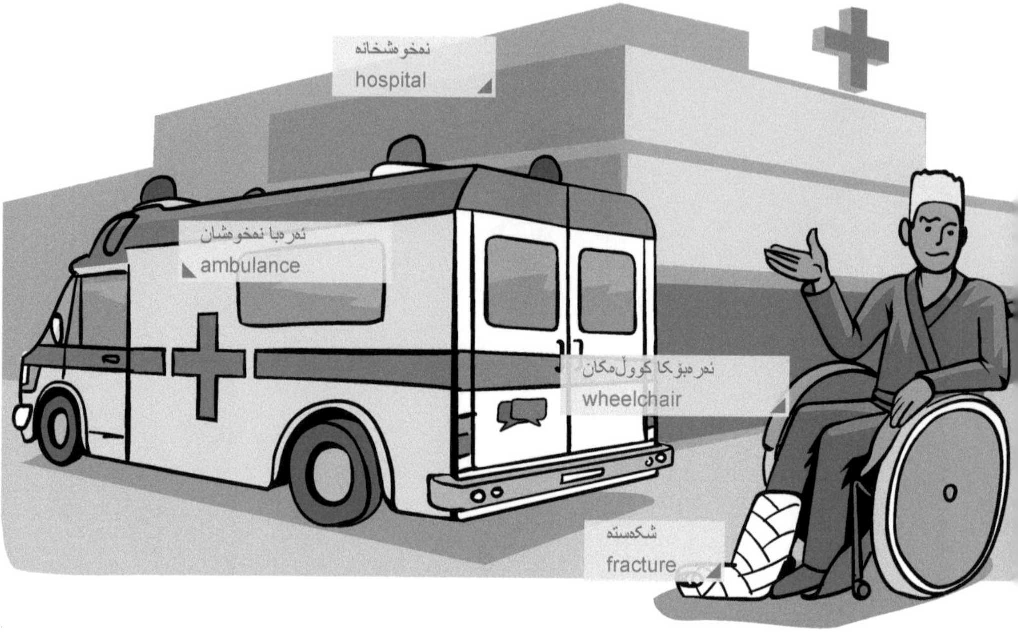

بژیشک

doctor

ئۆدا لەزگینێ

emergency room

نەخوەشیار

nurse

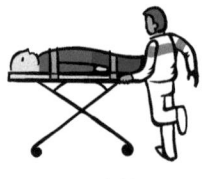

ناجیلییەت

emergency

بێهای

unconscious

ئێش

pain

72 نەخوشخانە - hospital

برین

injury

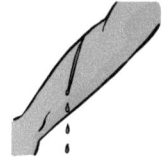

خوینپژان

bleeding

هێرشا دلی

heart attack

جەلتە

stroke

ئالەرژی

allergy

کوخک

cough

تا

fever

زکام

flu

ناڤچووین

diarrhea

سەرێش

headache

قانسێر

cancer

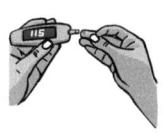

نەخوەشیا شەکرێ

diabetes

ئەمەلیکار

surgeon

سکالپێل

scalpel

ئەمەلی

operation

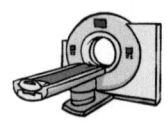

جت

CT

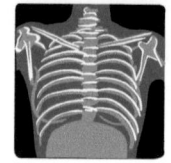

سوورەتی رۆنتگێن

x-ray

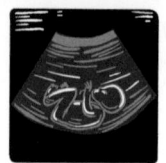

ئوولتراساوند

ultrasound

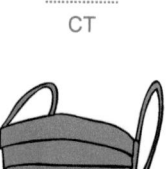

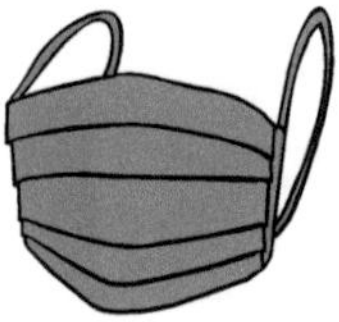

ماسکێ روویی

face mask

نەخوشی

disease

ئۆدا سەکنینێ

waiting room

گۆچان

crutch

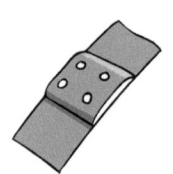

شێل

plaster

پاچێ برینپێچانێ

bandage

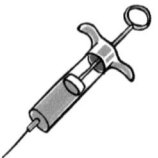

دەرزی

injection

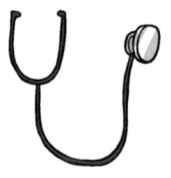

بیستۆکا پزیشکی

stethoscope

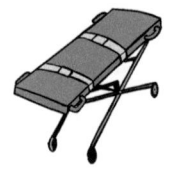

داربەست

stretcher

تێهنپیڤا کلینیکی

clinical thermometer

زابین

birth

قەلەو

overweight

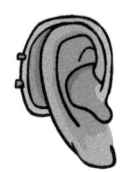

ئالیکاریا بهیستنێ

hearing aid

باکتەریکوژ

disinfectant

کۆتیبوون

infection

ڤیرووس

virus

هڤ / ئادس

HIV / AIDS

دەرمان

medicine

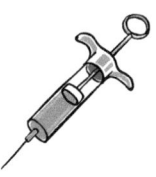

کوتان

vaccination

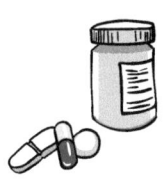

هەبان

tablets

هەب

pill

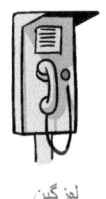

لەزگین

emergency call

دیمەندەرێ پەستۆ خوین

blood pressure monitor

نەخوەش / ساخ

ill / healthy

ھەۋار!
Help!

ئالارم
alarm

ئىرىش
assault

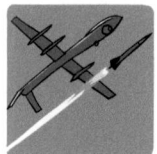

ئىرىشكىن
attack

تالوۋك
danger

دەركەتتا ئاجل
emergency exit

ئاگر!
Fire!

ئاگر قەمراندنىن
fire extinguisher

قەزا
accident

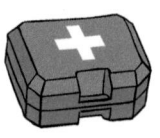

ئالەتىن ئالىكاريا يەكەم
first-aid kit

سۆس
SOS

پۆليس
police

ئەرد

earth

ئەورۆپا

Europe

ئامەریکایا باکوور

North America

ئامەریکایا باشوور

South America

ئافریکا

Africa

ئاسیا

Asia

ئاووسترالیا

Australia

ئاتلانتیک

Atlantic

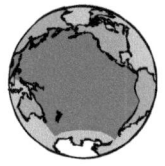

ئۆکیانووسا مەزن

Pacific

ئۆکیانووسا هندی

Indian Ocean

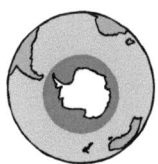

ئۆکیانووسا ئانتارکتیکا

Antarctic Ocean

ئۆکیانووسا ئارکتیک

Arctic Ocean

جەمسەرا باکوور

North pole

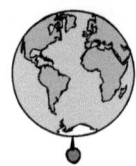

جەمسەرا باشوور

South pole

ئانتارکتیکا

Antarctica

ئەرد

earth

ئاخ

land

بەهر

sea

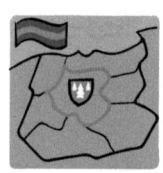

دوورگە

island

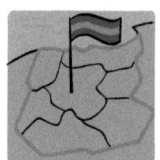

مللەت

nation

وەلات

state

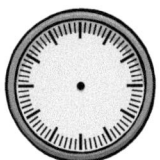

ساەت

clock

روویێ ساەت

clock face

نشاندەرکا دەمژمێر

hour hand

نشاندەرکا دەقە

minute hand

نشاندەرکا سانیە

second hand

سێت چەندە؟

What time is it?

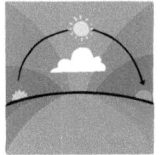

رۆژ

day

دەم

time

نها

now

ساەتێ دجیتال

digital watch

دەقە

minute

سێت

hour

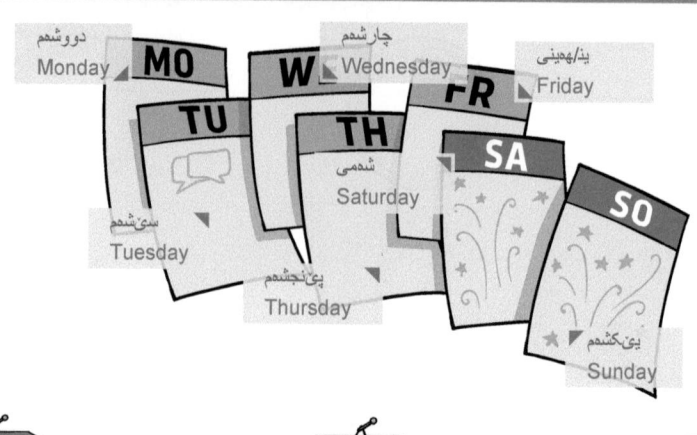

هەفتە

week

MO
TU
W
TH
FR
SA
دووشەم
Monday
سێشەم
Tuesday
چارشەم
Wednesday
پێنجشەم
Thursday
Friday
شەمی
Saturday
یێکشەم
Sunday

TUE
MON

دوه

yesterday

TUE

ئیرۆ

today

TUE

سبەی

tomorrow

سبە

morning

نیڤرۆ

noon

ئێڤار

evening

رۆژێن کارێ

workdays

داویا هەفتە

weekend

کەسکەسۆر
rainbow
باران
rain
بەفر
snow
با
wind
spring
پاییز
fall
summer
زڤستان
winter

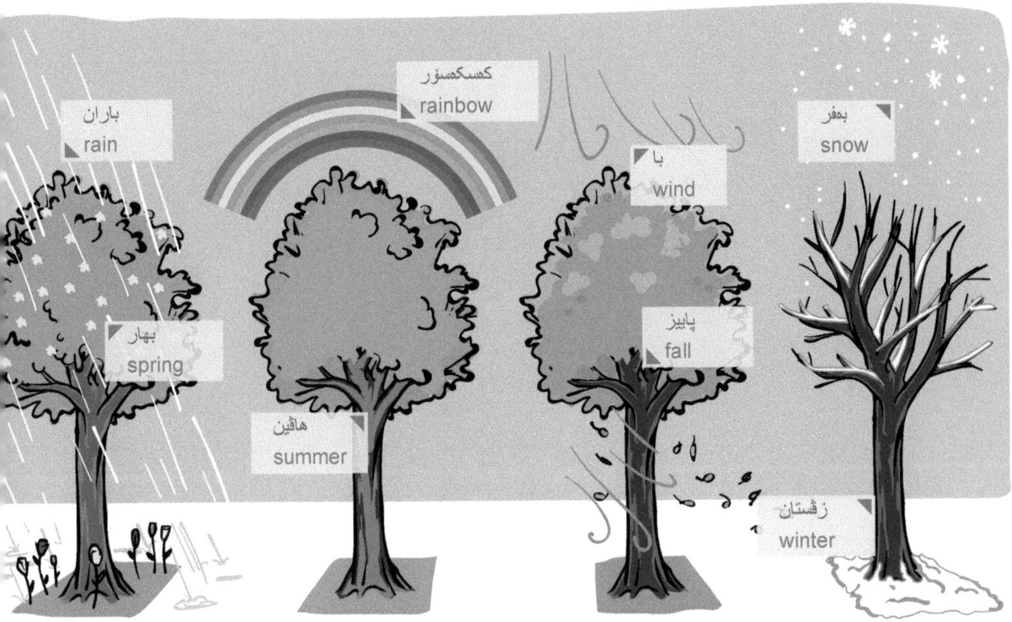

پێشبینیا هەوا

weather forecast

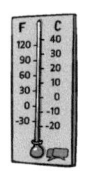

تەهنپیڤ

thermometer

تاڤ

sunshine

هەور

cloud

مژ

fog

هێمی

humidity

برق

lightning

برووسک

thunder

تۆفان

storm

تەرگ

hail

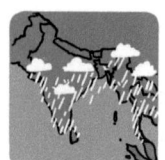

مانسوون

monsoon

لەهی

flood

جەمەد

ice

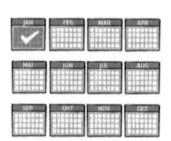

ڕێبەندان

January

ڕەشەمە

February

نەورۆز

March

گولان

April

جۆزەردان

May

پووشپەر

June

گەلاوێژ

July

خەرمانان

August

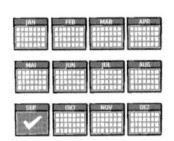

رەزبەر

September

کەوچێر

October

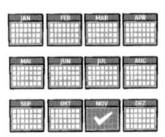

سەرماوەز

November

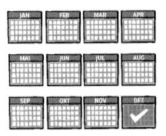

بەفرانبار

December

شێوە

shapes

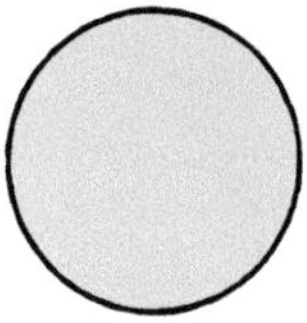

چەمبەر

circle

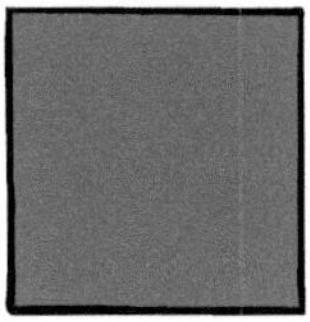

چارچک

square

چارقۆزی

rectangle

سێقۆزی

triangle

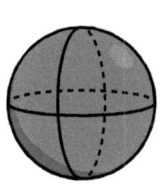

قادا

sphere

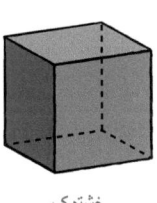

خشتەک

cube

رەنگان

colors

سپی

white

زەر

yellow

پرتەقالی

orange

پەمبە

pink

سۆر

red

مۆر

purple

شین

blue

کەسک

green

قەهوەیی

brown

گەور

gray

رەش

black

بەرامبەران

opposites

زۆر / کەم

....

a lot / a little

ب هێرس / بێدەنگ

....

angry / calm

بەدەو / نەرند

....

beautiful / ugly

دەستپێک / داوی

....

beginning / end

مەزن / بچووک

....

big / small

ڕۆنی / تاری

....

bright / dark

براک / خوشک

....

brother / sister

پاگژ / گرێژ

....

clean / dirty

تەڤی / نەتەمام

....

complete / incomplete

ڕۆژ / شەڤ

....

day / night

مری / زندی

....

dead / alive

فرە / تەنگ

....

wide / narrow

خوەش / نەخوەش

....

edible / inedible

نەباش / باش

....

evil / kind

ب هەیەجان / ئاجز

....

excited / bored

قەلەو / زراڤ

....

fat / thin

یەکەمین / داوین

....

first / last

هەڤال / دژمن

....

friend / enemy

تژی / ڤالا

....

full / empty

رەق / نەرم

....

hard / soft

گران / سڤک

....

heavy / light

برچی / تینی

....

hunger / thirst

نەخوەش / ساخ

....

ill / healthy

نەقانوونی / قانوونی

....

illegal / legal

رەوشەنبیر / بالوولە

....

intelligent / stupid

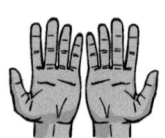

چەپ / راست

....

left / right

نێزی / دوور

....

near / far

نوو / بکارهاتی
....
new / used

هیچ / تشتمک
....
nothing / something

کال / جوان
....
old / young

ل / ژ
....
on / off

فمکری / گرتی
....
open / closed

نارام / دەنگبلند
....
quiet / loud

دەولەمەند / ڕەبەن
....
rich / poor

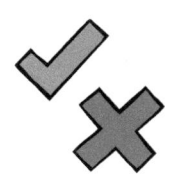

ڕاست / شاش
....
right / wrong

در / هلوو
....
rough / smooth

خەمگین / شا
....
sad / happy

کورت / دریژ
....
short / long

هێدی / زوو
....
slow / fast

شل / زوا
....
wet / dry

گەرم / هێنک
....
warm / cool

شەڕ / ئاشتی
....
war / peace

بەرامبەران - opposites

87

هەژماران

numbers

0

سفر

zero

1

یەک

one

2

دوو

two

3

سێ

three

4

چار

four

5

پێنج

five

6

شەش

six

7

هەفت

seven

8

هەشت

eight

9

نەه

nine

10

دەه

ten

11

یازدە

eleven

12

دازده

twelve

13

سێزده

thirteen

14

چارده

fourteen

15

پازده

fifteen

16

شازده

sixteen

17

حەفدە

seventeen

18

هەژده

eighteen

19

نۆزدەه

nineteen

20

بیست

twenty

100

سەد

hundred

1.000

هەزار

thousand

1.000.000

ملیۆن

million

زمانان

languages

ئینگلیزی

....

English

ئنگلیزیا ئامەریکی

....

American English

چینی ماندارین

....

Chinese Mandarin

هیٚندی

....

Hindi

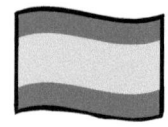

ئیسپانیۆلی

....

Spanish

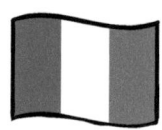

فرەنسی

....

French

ئەرەبی

....

Arabic

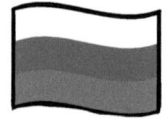

رووسی

....

Russian

پۆرتوگالی

....

Portuguese

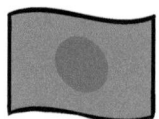

بەنگالی

....

Bengali

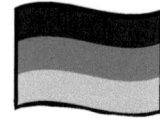

ئەلمانی

....

German

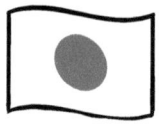

ژاپۆنی

....

Japanese

کی / چ / چاوا

who / what / how

من

I

تو

you

ئەو / ئەڤ / ئەو

he / she / it

ئەم

we

تو

you

ئەو

they

کی؟

who?

چ؟

what?

چاوا؟

how?

کیدەرێ؟

where?

کەنگی؟

when?

ناڤ

name

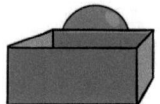

where

پشتی

....

behind

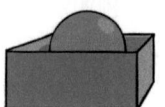

....

in

پێشی

....

in front of

سەر

....

over

سەر

....

on

بن

....

under

کێلەک

....

beside

ناڤبەر

....

between

جه

....

place